CHELA

ou

BONNE RENOMMÉE

VAUT MIEUX QUE CEINTURE DORÉE,

PROVERBE DRAMATIQUE,

A L'OCCASION DE L'HEUREUX AVÈNEMENT
DE LOUIS XVI AU TRÔNE.

*Et de l'Édit de Mai 1774, portant remise du Droit
de Joyeux-Avènement.*

A PARIS,

Chez RUAULT, Libraire, rue de la Harpe.

1774.

PERSONNAGES.

M. le Chevalier BRAVO, ancien Militaire.

M. TANT-MIEUX, dans les Affaires.

M. OH-QUE-OUI, ancien Avocat.

Madame DU-MARAIS, une canne à la main.

PLUSIEURS PERSONNES faisant cercle.

UN GARÇON LIMONADIER.

La Scène est dans le Jardin du Palais-Royal, au Caveau, à l'heure du Déjeuné.

L'ECHO DE LA FRANCE.

SCENE PREMIERE.

M. le Chevalier BRAVO *seul, prenant sa tasse de Chocolat, & lisant bas, en disant de tems-en-tems* : Bravo.... Bravo....

SCENE II.

M. le Chevalier BRAVO, M. TANT-MIEUX

M. TANT-MIEUX *examine M. BRAVO quelque tems sans rien dire; & s'avance lentement en disant.*

Bravo!... Bravo!.... Bravo!.... Tant-mieux, morbleu, tant-mieux! Vous lisez donc là du nouveau & du bon? Car vous avez l'air bien content. Allons tant-mieux! tant-mieux!... Vous allez nous faire part de cela : ce font des Vers, je gage.

M. *le Chevalier* BRAVO.

Oh! vous gagez toujours comme ça, à tort à travers.

M. TANT-MIEUX.

Eh bien! C'est donc de la Profe? Tant-mieux! Auſſi-bien je ne puis plus lire de Vers, & ſur-tout depuis quelque tems... (*il cherche ſes lunettes.*) Où diable ſont mes lunettes à préſent?.... Je les aurai oubliées, je parie.

M. *le Chevalier* BRAVO.

Vous pariez à préſent pour vos lunettes.... Tout-à-l'heure vous gagiez pour des Vers... Eh! vous êtes donc bien accoutumé à parier, à gager?.... Vous n'êtes pas ſi leſte à mettre au jeu.

M. TANT-MIEUX *cherchant toujours.*

Non : mais c'est qu'il ſuffit que l'on ait beſoin de ſes lunettes, pour que juſtement on les ait oubliées.... Ah! mais :.... Non.... Les voilà, les voilà.

M. *le Chevalier* BRAVO *lui donnant le papier.*

Tenez, liſez, & admirez.

M. TANT-MIEUX *liſant.*

Eh! mais, est-ce que je n'y vois goûte donc... Quoi? C'est l'Édit du Roi portant remiſe du Droit de Joyeux-Avènement!.... Eh! Monſieur, tout le monde le ſçait par cœur, & vous en êtes encore à la lecture?....

M. *le Chevalier* BRAVO.

Monsieur, Monsieur, je le sçais peut-être mieux que vous, mieux que qui que ce soit ; mais je ne puis cesser de le lire, il me semble l'entendre prononcer par notre jeune Roi ; il me semble lire dans son Cœur, & j'avoue que toutes ces images me le ramènent sans cesse sous les yeux, la nuit même, je le mets sous mon chevet, & j'en dors plus gaiement.

M. TANT-MIEUX.

Vous n'êtes pas le seul ; mais il ne faut pas en demeurer là : il faut voir la suite, Monsieur ; on suit une affaire dans tous ses détails. Nous avons d'abord l'Édit ; après nous avons les Représentations faites au sujet de cet Édit ; l'Affaire à laquelle il a donné lieu ; la Déclaration interprétative de ce même Édit. Enfin voilà une Affaire en bon train, & c'est bien le tant-mieux !....

M. *le Chevalier* BRAVO.

Eh ! que parlez-vous là de Représentations, d'Affaire & de Déclaration interprétative ?

M. TANT-MIEUX.

Comment vous ne savez pas ?... Eh ! d'où venez-vous donc, Monsieur ?...

M. *le Chevalier* BRAVO.

Mais encore une fois, de quelles Représentations, de quelle Affaire, de quelle Déclaration voulez-vous parler ? Moi, je ne connais que l'Édit, je n'admire que l'Édit, & je ne vois rien de plus beau. Est-ce que cela a besoin de Représentations, d'Interprétation ? Je crois que vous rêvez, Monsieur ?...

SCENE III.

Madame DU-MARAIS, M. *le Chevalier* BRAVO, M. TANT-MIEUX.

Madame DUMARAIS *une canne à la main.*

Eh bien, Messieurs! Quelle nouvelle? Car telle que vous me voyez, je pars dès le matin, canne en main, & je vais tronchinant, du Marais, au Quai de Gesvres; du Quai de Gesvres, au Palais-Marchand; du Palais-Marchand, au Palais-Royal; du Palais-Royal, au Caffé Turc; & je rapporte à diner chez moi & beaucoup d'appétit & beaucoup de nouvelles.

M. le Chevalier BRAVO.

Bravo, Madame; c'est très-bon cela, pour la santé du corps & de l'esprit. Car on peut dire, que si l'exercice fortifie le corps, de même les nouvelles nourrissent l'esprit, en l'ornant.

Madame DU-MARAIS.

Oui, cela vous met au courant.... (*Elle appelle le Garçon.*) Garçon? Mon Ami.... De l'Eau de Groseille? Un petit Pain.

M. TANT-MIEUX.

A moi aussi, mon Garçon, une Carafe de Groseille. (*Le Garçon apporte ce que l'on a demandé sans rien dire.*)

Madame DUMARAIS.

Ce n'est pas que dans la Compagnie que j'ai chez moi, on ne débite beaucoup de Nouveautés. Mais c'est qu'il en est de cela comme de toute autre chose, il faut voir exactement, & entendre par soi-même.

SCENE IV.

M. OH-QUE-OUI, & *les* ACTEURS *précédens.*

M. OH-QUE-OUI.

Oh-que-oui! Oh-que-Oui? Eh bien! l'Affaire a réussi, & ne finira pas de sitôt.

M. TANT-MIEUX.

Vous connoissez-donc aussi l'Affaire? Tant mieux!...

M. OH-QUE-OUI.

Et parbleu, Monsieur, c'est l'Affaire de tout le monde celle-là? L'affaire du Cœur?.... Il n'y a pas de Français sans Cœur, peut-être!....

M. *le Chevalier* BRAVO.

Vous avez raison, Monsieur; mais expliquez-nous donc cela.

M. TANT-MIEUX à M. BRAVO.

Vous voyez, Monsieur, que je ne rêvais pas tout-à-l'heure en vous parlant des suites de l'Édit.

Madame DUMARAIS.

Quoi ! de l'Édit de Joyeux-Avènement ? Ah ! Messieurs, Quoi ! L'on a pu ajouter encore à cet Édit ? Mais n'est-ce pas déjà le comble de la félicité !.... De combien de larmes délicieuses je l'ai vu arroser ; & l'ai-je arrosé moi même !....

M. OH-QUE-OUI.

Oui, Madame ; il s'est formé une Société ; non pas de Gens de Lettres, car il ne s'agira pas de bien écrire ; non pas de Gens de Finance ; car il n'y aura pas besoin d'argent ; non pas d'Agriculture ; car il ne s'agira pas d'instruments de labour ; non pas d'Économistes, car il n'y aura point d'économie ; non pas...

M. TANT-MIEUX *interrompant avec humeur.*

Et pourquoi ne pas dire tout uniment les choses ?... Pourquoi nous faire languir à petit feu pour nous dire; qu'une Société de Citoyens, Organe de la Nation, ont entrepris sous le Nom de l'Affaire du Cœur, de libérer la France du paiement du Droit de Joyeux-Avènement ; ont fait des Représentations à ce sujet au Roi, qui, sur ces Représentations a donné une Déclaration interprétative de son Édit. Que l'Affaire est divisée en cinquante Cœurs, au lieu de cinquante sols. Que la Reine elle-même s'est emparé d'un intérêt de douze Cœurs, dont elle a fait les fonds à elle toute seule : s'est en outre réservé la disposition de douze autres, on se doute bien pour qui ; & a ensuite laissé les vingt-six restant pour toute la France, d'où ils ne fortiront certainement pas, pour paſſer chez l'Étranger.

M. OHQUEOUI.

Et ce qui va vous convaincre de la vérité de tout cela, c'eſt que voici la Déclaration du Roi, que je viens d'avoir, avant même les Colporteurs.

(Il tire un Papier de ſa poche & lit.)

DÉCLARATION DU ROI interprétative de l'Édit de Mai 1774.

CONCERNANT la Remiſe du Droit de Joyeux-Avènement, & le Paiement d'icelui.

Donnée à Marly.

Regiſtrée en tous les Cœurs.

___

SCENE V.

Les ACTEURS *précédens, & pluſieurs* PERSONNES *faiſant cercle, ſe mêlant à la converſation.*

(Le Garçon Limonadier ôte les carafes.)

PREMIERE PERSONNE *du cercle à une autre.*

Qu'EST-CE que c'eſt donc, Monſieur ?

SECONDE PERSONNE.

Monſieur, c'eſt la Déclaration du Roi, concernant le Paiement du Droit de Joyeux-Avènement ?.....
L'Affaire du Cœur.

PREMIERE PERSONNE.

Ah ! l'Affaire du Cœur !... Oui, oui ?...

UNE AUTRE.

Comment ça paraît déjà ?

UNE AUTRE.

Ecoutez.

UNE AUTRE.

Eh ! silence donc, Messieurs ?

UNE AUTRE.

Paix donc.

UNE AUTRE *riant*.

Ah ! ah ! ah !

M. OH-QUE-OUI *se levant en colère*.

Voulez-vous bien vous taire ? Il s'agit bien de ricaner.... Je vais aller lire plus loin, moi.

PLUSIEURS *l'arrêtant*.

Non, non, Monsieur. On se tait. Chut. Chut.
(*Tout le monde se tait.*)

M. OH-QUE-OUI, *lit*.

LOUIS, par la Grace de Dieu, Roi de France & de Navarre; A tous ceux qui ces présentes Lettres verront: SALUT. En faisant, par notre Édit de Mai dernier, remise à nos Sujets du produit du Droit qui Nous appartient à cause de notre Avènement à la Couronne; Nous avons voulu donner à nos Peuples un gage des intentions où nous sommes d'user des moyens qui pourront les rendre heureux. Mais après Nous être fait rendre un compte exact des représentations qui Nous ont été faites au sujet de notredit Édit ; & des doutes qui s'élevaient dans les Cœurs des Français, au sujet du paiement dudit Droit, *de toute autre manière que pécuniairement :* Nous Nous sommes déterminés à expliquer nos intentions, par une Déclaration qui en fera connaître de plus en plus le véritable esprit, & par laquelle Nous donnerons un nouveau gage de l'intention où Nous sommes de soulager nos Sujets du poids des impositions. A CES CAUSES, & autres Considérations à ce Nous mouvant, *de l'avis de notre Famille*, & de notre certaine science, pleine puissance & Autorité Royale, Nous avons, par ces Présentes, signées de notre main, dit, déclaré & ordonné, disons, déclarons & ordonnons, voulons & Nous plaît, ce qui suit :

ARTICLE PREMIER.

Interprêtant, en tant que de besoin, notre Édit du mois de Mai dernier ; déclarons n'avoir entendu comprendre dans la disposition de l'Article II. *toute autre manière que celle pécuniaire*, de s'acquitter envers Nous du Droit de Joyeux-Avènement, dont Nous avons fait remise par icelui.

II.

N'entendons empêcher la douce effusion des Cœurs qui Nous a tant de fois déjà pénétré, & notamment dans cette Sainte Octave, où Nous avons été demander à Dieu, au pied de ses Autels, qu'il soit notre Guide dans les Moyens de rendre nos Sujets heureux, & qu'il lui plaise soutenir notre Jeunesse sur le Trône où il lui a plû de Nous élever.

III.

Déclarons que cet accueil favorable, & si réitéré à Choisy, à la Muette & à Marly, ne nous a pas moins touché à Nous seul, qu'il a fait de plaisir à tous nos

Sujets en général ; & que c'est-là, selon Nous, la plus grande preuve de la Royauté, doutant qu'en effet un autre Mortel qu'un Monarque puisse résister au charme qu'il y a dans tant de suffrages, de vœux, & de cris d'alégresse : Vive le Roi.

I V.

Confessons que Nous y aurions peut-être succombé comme un autre, s'il ne Nous eut pas été possible de dire à l'unisson : Vive mon Peuple.

V.

Pourront pareillement nos Sujets, par-tout où ils Nous rencontreront, épancher leur Cœur dans notre Sein paternel, Nous réservant de leur répondre toujours sur le même ton.

V I.

Confirmons pareillement par ces Présentes, l'opinion publique, qui est que, Nous nous occupons sérieusement du bonheur de nos Peuples, & du soin de faire mettre aux bons Villageois *la poule dans leur pot*.

V I I.

Affirmons que cette idée, quoique très-ancienne, Nous a paru avoir tout le mérite de la nouveauté ; & ne serons véritablement content, que lorsqu'elle sera parfaitement remplie ; pour opérer entièrement la résurrection de celui qui l'a créée, à la satisfaction de nos Peuples.

V I I I.

Avouons qu'il ne Nous est pas possible ici de passer sous silence, combien Nous avons été sensible au mot, *Resurrexit*, trouvé à la Statue de cet Homme-Roi, & de ce Roi des Hommes, fait pour servir de Modèle au Petit comme au Grand ; dont l'Image seule ranime tous les Français, & dont Nous Nous sommes toujours proposé de suivre les traces.

IX.

Espérons ne jamais démentir un aussi heureux Auspice, & suivre en tout ses erremens; Nous occupant jour & nuit à étudier son Génie, pour que son Ame & la Nôtre; son Histoire & la Nôtre; sa Bienfaisance & la Nôtre; sa Mémoire & la Nôtre; ne fasse plus qu'une seule & même entre nous deux.

X.

Sera au surplus, notre Édit du mois de Mai dernier, exécuté selon sa forme & teneur, dans toutes les dispositions auxquelles il n'a été apporté aucun changement par ces Présentes... Enjoignons, &c. &c.

Voilà tout. *Signé* LOUIS.

Enregistré dans tous les Cœurs.... En France.... Toutes les Familles assemblées.

(M. OH-QUE-OUI, *continue en disant* :)

Ah! il était temps que cela finît; la respiration me manquoit d'extase, d'enchantement.... Et comme il est dit, dans l'Édit, c'est éblouissant, mais c'est comme le Soleil, en vivifiant, en fécondant.

Madame DU-MARAIS.

C'est vrai; moi, je donnerais.... tout au monde pour voir les Représentations.

M. OH-QUE-OUI.

Quoi! Madame, vous n'en avez pas assez de l'Édit & de la Déclaration? Il faut avouer que le Beau-Sexe est bien insatiable!...

Madame DU-MARAIS.

Eh! Monsieur, sait-on quelle est la société de Citoyens zélés?

M. *le Chevalier* BRAVO.

Encore des questions, Madame ? est-ce que cela se demande ? Les Noms chers à la France ne sont-ils pas gravés dans tous les Cœurs ? Il n'est pas nécessaire de les décliner.

M. TANT-MIEUX.

Mais... toutes réflexions faites, moi, je n'entends pas trop notre affaire. Car dans tout cela, je ne vois point de Directeurs, de Caissiers, de Premiers-Commis, de Bureaux établis.

M. *le Chevalier* BRAVO.

Tant-mieux, Monsieur, il n'y aura point de cabale pour avoir toutes ces places.... Ce n'est pas ici une Affaire de Fourages.... de Vivres... d'Indigo.... de Canelle.... C'est une Affaire du Cœur, Monsieur.... Oh, dame! c'est du neuf ça.

Madame DU-MARAIS.

Oui, une Affaire du Cœur, dont l'intérêt s'augmente en raison de la somme de Patriotisme qu'on y met.

M. OH-QUE-OUI.

Oh-que-oui. Mais ça n'empêche pas de dîner tout cela; au contraire, ça me donne une appétit du diable; il faut vivre, Messieurs, il faut vivre, & le plus long-tems qu'il sera possible.... Que je les plains ceux qui font la sottise d'aller dans l'autre monde. On est si bien dans celui-ci à présent.... Serviteur, Messieurs, serviteur.

Il s'en va.

M. BRAVO, *appellant.*

Ecoutez donc un instant ? Ecoutez donc ?

M. OH-QUE-OUI.

S'en allant.

Oh-que-oui; oh-que-oui.

SCENE VI.

Les ACTEURS PRÉCÉDENS, à l'exception de M. OH-QUE-OUI.

Madame DU-MARAIS, regardant sa montre.

Ce Monsieur Oh-que-oui a raison; il est près de deux heures. Je n'arriverai jamais assez-tôt chez moi pour faire ma toilette avant le dîner.... Au surplus ces nouvelles-ci m'en dispenseront bien.... Comme le tems est rajeuni... Qu'il est léger, qu'il s'enfuit gaiement!
Elle sort.

SCENE VII, ET DERNIERE.

M. le Chevalier BRAVO, M. TANT-MIEUX.

M. le Chevalier BRAVO.

Parbleu, Monsieur, je suis bien content de ma journée!... ce ne sont pas-là des babiolles, Monsieur, que vous m'avez apprises aujourd'hui.... C'est qu'en vérité il y a des jours que ça fait pitié les Nouvelles qu'on apprend.

M. TANT-MIEUX.

Cela fait que les bonnes en font plus de plaisir après.

M. le Chevalier BRAVO.

Oh! moi, je me dépêche d'aller semer ma récolte de ce matin à pleine bouche.... Mais c'est que c'est un Patriotisme!... Une jouissance nationale!...

M. TANT-MIEUX.

Monsieur, tout ceci ne rapetissera pas les Cœurs Français!... allez, quoique ce ne soit pas une Affaire de Luxe...

M. le Chevalier BRAVO.

Qu'appellez-vous, Monsieur? moi, j'en trouve beaucoup de Luxe là-dedans. Non pas, à la vérité, de ce Luxe physique qui éblouit la vue; mais de ce Luxe moral qui fait tressaillir de joie, de sécurité, de confiance... Bravo! (*avec enthousiasme*) Bravo! mon Roi!... Bravo! ma Nation! Bravo! mes Concitoyens. Adieu, Monsieur (*en lui prenant la main*), adieu.... Bonne Renommée vaut mieux que Ceinture dorée!... Adieu.

M. TANT-MIEUX.

Oui, vous venez de dire le mot.... Et dans tout ceci nous ne sommes que l'Écho de la France entière.... Serviteur.... Serviteur.

Ils sortent, l'un d'un côté, l'autre de l'autre.

Lu & approuvé. A Paris, ce 13 Juillet 1774.
                         MARIN.

Vu l'Approbation, permis d'imprimer, ce 14 Juillet 1774.
                         DE SARTINE.

De l'Imprimerie de Ph. D. PIERRES, rue S. Jacques.

www.ingramcontent.com/pod-product-compliance
Lightning Source LLC
Chambersburg PA
CBHW071450060426
42450CB00009BA/2364